中华人民共和国英雄烈士保护法

烈士褒扬条例

军人抚恤优待条例

烈士评定工作办法

法律出版社
·北京·

图书在版编目（CIP）数据

中华人民共和国英雄烈士保护法　烈士褒扬条例　军人抚恤优待条例　烈士评定工作办法. -- 北京：法律出版社，2025. -- ISBN 978-7-5244-0563-4

Ⅰ. D922.182.3

中国国家版本馆CIP数据核字第2025UP4685号

中华人民共和国英雄烈士保护法　烈士褒扬条例
军人抚恤优待条例　烈士评定工作办法
ZHONGHUA RENMIN GONGHEGUO YINGXIONG LIESHI BAOHUFA
LIESHI BAOYANG TIAOLI
JUNREN FUXU YOUDAI TIAOLI
LIESHI PINGDING GONGZUO BANFA

出版发行　法律出版社	开本　850毫米×1168毫米　1/32
编辑统筹　法规出版分社	印张　2.25　　字数　48千
责任编辑　张红蕊	版本　2025年7月第1版
装帧设计　臧晓飞	印次　2025年7月第1次印刷
责任校对　陶玉霞	印刷　河北尚唐印刷包装有限公司
责任印制　耿润瑜	经销　新华书店

地址：北京市丰台区莲花池西里7号(100073)
网址：www.lawpress.com.cn　　　销售电话：010-83938349
投稿邮箱：info@lawpress.com.cn　　客服电话：010-83938350
举报盗版邮箱：jbwq@lawpress.com.cn　咨询电话：010-63939796
版权所有·侵权必究

书号：ISBN 978-7-5244-0563-4　　　定价：8.00元
凡购买本社图书，如有印装错误，我社负责退换。电话：010-83938349

目　　录

中华人民共和国主席令（第五号）　……………（ 1 ）
中华人民共和国英雄烈士保护法　……………（ 3 ）

中华人民共和国国务院令（第791号）　……………（ 11 ）
烈士褒扬条例　……………………………（ 13 ）

**中华人民共和国国务院　中华人民共和国中央军事
　委员会令（第788号）**　……………………（ 31 ）
军人抚恤优待条例　………………………（ 33 ）

烈士评定工作办法　………………………（ 55 ）
(2025年6月19日)

中华人民共和国主席令

第五号

《中华人民共和国英雄烈士保护法》已由中华人民共和国第十三届全国人民代表大会常务委员会第二次会议于2018年4月27日通过，现予公布，自2018年5月1日起施行。

中华人民共和国主席　习近平

2018年4月27日

中华人民共和国
英雄烈士保护法

(2018年4月27日第十三届全国人民代表大会常务委员会第二次会议通过)

第一条 为了加强对英雄烈士的保护，维护社会公共利益，传承和弘扬英雄烈士精神、爱国主义精神，培育和践行社会主义核心价值观，激发实现中华民族伟大复兴中国梦的强大精神力量，根据宪法，制定本法。

第二条 国家和人民永远尊崇、铭记英雄烈士为国家、人民和民族作出的牺牲和贡献。

近代以来，为了争取民族独立和人民解放，实现国家富强和人民幸福，促进世界和平和人类进步而毕生奋斗、英勇献身的英雄烈士，功勋彪炳史册，精神永垂不朽。

第三条 英雄烈士事迹和精神是中华民族的共同历史记忆和社会主义核心价值观的重要体现。

国家保护英雄烈士，对英雄烈士予以褒扬、纪念，加强对英雄烈士事迹和精神的宣传、教育，维护英雄烈士尊严和合法权益。

全社会都应当崇尚、学习、捍卫英雄烈士。

第四条　各级人民政府应当加强对英雄烈士的保护,将宣传、弘扬英雄烈士事迹和精神作为社会主义精神文明建设的重要内容。

县级以上人民政府负责英雄烈士保护工作的部门和其他有关部门应当依法履行职责,做好英雄烈士保护工作。

军队有关部门按照国务院、中央军事委员会的规定,做好英雄烈士保护工作。

县级以上人民政府应当将英雄烈士保护工作经费列入本级预算。

第五条　每年9月30日为烈士纪念日,国家在首都北京天安门广场人民英雄纪念碑前举行纪念仪式,缅怀英雄烈士。

县级以上地方人民政府、军队有关部门应当在烈士纪念日举行纪念活动。

举行英雄烈士纪念活动,邀请英雄烈士遗属代表参加。

第六条　在清明节和重要纪念日,机关、团体、乡村、社区、学校、企业事业单位和军队有关单位根据实际情况,组织开展英雄烈士纪念活动。

第七条　国家建立并保护英雄烈士纪念设施,纪念、缅怀英雄烈士。

矗立在首都北京天安门广场的人民英雄纪念碑,是近代以来中国人民和中华民族争取民族独立解放、人民自由幸福和国家繁荣富强精神的象征,是国家和人民纪念、缅怀英雄烈士的永久性纪念设施。

人民英雄纪念碑及其名称、碑题、碑文、浮雕、图形、标志等受法律保护。

第八条 县级以上人民政府应当将英雄烈士纪念设施建设和保护纳入国民经济和社会发展规划、城乡规划，加强对英雄烈士纪念设施的保护和管理；对具有重要纪念意义、教育意义的英雄烈士纪念设施依照《中华人民共和国文物保护法》的规定，核定公布为文物保护单位。

中央财政对革命老区、民族地区、边疆地区、贫困地区英雄烈士纪念设施的修缮保护，应当按照国家规定予以补助。

第九条 英雄烈士纪念设施应当免费向社会开放，供公众瞻仰、悼念英雄烈士，开展纪念教育活动，告慰先烈英灵。

前款规定的纪念设施由军队有关单位管理的，按照军队有关规定实行开放。

第十条 英雄烈士纪念设施保护单位应当健全服务和管理工作规范，方便瞻仰、悼念英雄烈士，保持英雄烈士纪念设施庄严、肃穆、清净的环境和氛围。

任何组织和个人不得在英雄烈士纪念设施保护范围内从事有损纪念英雄烈士环境和氛围的活动，不得侵占英雄烈士纪念设施保护范围内的土地和设施，不得破坏、污损英雄烈士纪念设施。

第十一条 安葬英雄烈士时，县级以上人民政府、军队有关部门应当举行庄严、肃穆、文明、节俭的送迎、安葬仪式。

第十二条 国家建立健全英雄烈士祭扫制度和礼仪规范，引导公民庄严有序地开展祭扫活动。

县级以上人民政府有关部门应当为英雄烈士遗属祭扫提供便利。

第十三条 县级以上人民政府有关部门应当引导公民通过瞻仰英雄烈士纪念设施、集体宣誓、网上祭奠等形式，铭记英雄烈士的事迹，传承和弘扬英雄烈士的精神。

第十四条 英雄烈士在国外安葬的，中华人民共和国驻该国外交、领事代表机构应当结合驻在国实际情况组织开展祭扫活动。

国家通过与有关国家的合作，查找、收集英雄烈士遗骸、遗物和史料，加强对位于国外的英雄烈士纪念设施的修缮保护工作。

第十五条 国家鼓励和支持开展对英雄烈士事迹和精神的研究，以辩证唯物主义和历史唯物主义为指导认识和记述历史。

第十六条 各级人民政府、军队有关部门应当加强对英雄烈士遗物、史料的收集、保护和陈列展示工作，组织开展英雄烈士史料的研究、编纂和宣传工作。

国家鼓励和支持革命老区发挥当地资源优势，开展英雄烈士事迹和精神的研究、宣传和教育工作。

第十七条 教育行政部门应当以青少年学生为重点，将英雄烈士事迹和精神的宣传教育纳入国民教育体系。

教育行政部门、各级各类学校应当将英雄烈士事迹和精神纳入教育内容，组织开展纪念教育活动，加强对学生的爱国主义、集体主义、社会主义教育。

第十八条　文化、新闻出版、广播电视、电影、网信等部门应当鼓励和支持以英雄烈士事迹为题材、弘扬英雄烈士精神的优秀文学艺术作品、广播电视节目以及出版物的创作生产和宣传推广。

第十九条　广播电台、电视台、报刊出版单位、互联网信息服务提供者，应当通过播放或者刊登英雄烈士题材作品、发布公益广告、开设专栏等方式，广泛宣传英雄烈士事迹和精神。

第二十条　国家鼓励和支持自然人、法人和非法人组织以捐赠财产、义务宣讲英雄烈士事迹和精神、帮扶英雄烈士遗属等公益活动的方式，参与英雄烈士保护工作。

自然人、法人和非法人组织捐赠财产用于英雄烈士保护的，依法享受税收优惠。

第二十一条　国家实行英雄烈士抚恤优待制度。英雄烈士遗属按照国家规定享受教育、就业、养老、住房、医疗等方面的优待。抚恤优待水平应当与国民经济和社会发展相适应并逐步提高。

国务院有关部门、军队有关部门和地方人民政府应当关心英雄烈士遗属的生活情况，每年定期走访慰问英雄烈士遗属。

第二十二条　禁止歪曲、丑化、亵渎、否定英雄烈士事迹和精神。

英雄烈士的姓名、肖像、名誉、荣誉受法律保护。任何组织和个人不得在公共场所、互联网或者利用广播电视、电影、出版物等，以侮辱、诽谤或者其他方式侵害英雄烈士的姓名、肖像、名誉、荣誉。任何组织和个人不得将英雄烈士的姓名、肖像用于或者变相用于商标、商业广告，损害英雄烈士的名誉、荣誉。

公安、文化、新闻出版、广播电视、电影、网信、市场监督管理、负责英雄烈士保护工作的部门发现前款规定行为的，应当依法及时处理。

第二十三条　网信和电信、公安等有关部门在对网络信息进行依法监督管理工作中，发现发布或者传输以侮辱、诽谤或者其他方式侵害英雄烈士的姓名、肖像、名誉、荣誉的信息的，应当要求网络运营者停止传输，采取消除等处置措施和其他必要措施；对来源于中华人民共和国境外的上述信息，应当通知有关机构采取技术措施和其他必要措施阻断传播。

网络运营者发现其用户发布前款规定的信息的，应当立即停止传输该信息，采取消除等处置措施，防止信息扩散，保存有关记录，并向有关主管部门报告。网络运营者未采取停止传输、消除等处置措施的，依照《中华人民共和国网络安全法》的规定处罚。

第二十四条　任何组织和个人有权对侵害英雄烈士合法权益和其他违反本法规定的行为，向负责英雄烈士保护工作的部门、网信、公安等有关部门举报，接到举报的部门应当依法及时处理。

第二十五条　对侵害英雄烈士的姓名、肖像、名誉、荣誉的行为，英雄烈士的近亲属可以依法向人民法院提起诉讼。

英雄烈士没有近亲属或者近亲属不提起诉讼的，检察机关依法对侵害英雄烈士的姓名、肖像、名誉、荣誉,损害社会公共利益的行为向人民法院提起诉讼。

负责英雄烈士保护工作的部门和其他有关部门在履行职责过程中发现第一款规定的行为,需要检察机关提起诉讼的,应当向检察机关报告。

英雄烈士近亲属依照第一款规定提起诉讼的,法律援助机构应当依法提供法律援助服务。

第二十六条　以侮辱、诽谤或者其他方式侵害英雄烈士的姓名、肖像、名誉、荣誉,损害社会公共利益的,依法承担民事责任;构成违反治安管理行为的,由公安机关依法给予治安管理处罚;构成犯罪的,依法追究刑事责任。

第二十七条　在英雄烈士纪念设施保护范围内从事有损纪念英雄烈士环境和氛围的活动的,纪念设施保护单位应当及时劝阻;不听劝阻的,由县级以上地方人民政府负责英雄烈士保护工作的部门、文物主管部门按照职责规定给予批评教育,责令改正;构成违反治安管理行为的,由公安机关依法给予治安管理处罚。

亵渎、否定英雄烈士事迹和精神,宣扬、美化侵略战争和侵略行为,寻衅滋事,扰乱公共秩序,构成违反治安管理行为的,由公安机关依法给予治安管理处罚;构成犯罪的,依法追究刑事责任。

第二十八条　侵占、破坏、污损英雄烈士纪念设施的,由县级以上人民政府负责英雄烈士保护工作的部门责令改正;造成损失的,依法承担民事责任;被侵占、破坏、污损的纪念设施属于文物保护单位的,依照《中华人民共和国文物保护法》的规定处罚;构成违反治安管理行为的,由公安机关依法给予治安管理处罚;构成犯罪的,依法追究刑事责任。

第二十九条 县级以上人民政府有关部门及其工作人员在英雄烈士保护工作中滥用职权、玩忽职守、徇私舞弊的,对直接负责的主管人员和其他直接责任人员,依法给予处分;构成犯罪的,依法追究刑事责任。

第三十条 本法自 2018 年 5 月 1 日起施行。

中华人民共和国国务院令

第 791 号

《烈士褒扬条例》已经 2024 年 9 月 18 日国务院第 41 次常务会议修订通过，现予公布，自 2025 年 1 月 1 日起施行。

总理　李强

2024 年 9 月 27 日

烈士褒扬条例

（2011年7月26日中华人民共和国国务院令第601号公布 根据2019年3月2日《国务院关于修改部分行政法规的决定》第一次修订 根据2019年8月1日《国务院关于修改〈烈士褒扬条例〉的决定》第二次修订 2024年9月27日中华人民共和国国务院令第791号第三次修订）

第一章 总 则

第一条 为了弘扬烈士精神，抚恤优待烈士遗属，根据《中华人民共和国英雄烈士保护法》等有关法律，制定本条例。

第二条 公民在保卫祖国、社会主义建设以及促进世界和平和人类进步事业中英勇牺牲被评定为烈士的，依照本条例的规定予以褒扬。烈士的遗属，依照本条例的规定享受抚恤优待。

第三条 烈士褒扬工作坚持中国共产党的领导。

国家褒扬、纪念和保护烈士，维护烈士尊严荣誉，保障烈士遗属合法权益，宣传烈士事迹和精神，弘扬社会主义核心价值观，在全社会营造崇尚烈士、缅怀烈士、学习烈士、捍卫烈士、关爱烈士遗属的氛围。

第四条 国家对烈士遗属的抚恤优待应当与经济社会发展水平相适应，随经济社会的发展逐步提高。

烈士褒扬和烈士遗属抚恤优待经费列入预算，应当按照规定用途使用，接受财政部门、审计机关的监督。

第五条 全社会应当支持烈士褒扬工作，优待帮扶烈士遗属。

鼓励和支持社会力量为烈士褒扬和烈士遗属抚恤优待提供捐助。

第六条 国务院退役军人工作主管部门负责全国的烈士褒扬工作。县级以上地方人民政府退役军人工作主管部门负责本行政区域的烈士褒扬工作。

第七条 对在烈士褒扬工作中做出显著成绩的单位和个人，按照有关规定给予表彰、奖励。

第二章 烈士的评定

第八条 公民牺牲符合下列情形之一的，评定为烈士：

（一）在依法查处违法犯罪行为、执行国家安全工作任务、执行反恐怖任务、执行特勤警卫任务、执行突发事件应急处置与救援任务中牺牲的；

（二）抢险救灾或者其他为了抢救、保护国家财产、集体财产、公民生命财产牺牲的；

（三）在执行外交任务或者国家派遣的对外援助、维持国际和平、执法合作任务中牺牲的；

（四）在执行武器装备科研试验任务中牺牲的；

（五）其他牺牲情节特别突出，堪为楷模的。

军人牺牲，军队文职人员、预备役人员、民兵、民工以及其他人员因参战、执行作战支援保障任务、参加非战争军事行动、参加军事训练、执行军事勤务牺牲应当评定烈士的，依照《军人抚恤优待条例》的有关规定评定。

第九条 申报烈士，属于本条例第八条第一款第一项、第二项规定情形的，由死者生前所在工作单位、死者遗属或者事件发生地的组织、公民，向死者生前工作单位所在地、死者遗属户籍所在地或者事件发生地的县级人民政府退役军人工作主管部门提供有关死者牺牲情节等材料。收到材料的县级人民政府退役军人工作主管部门应当及时调查核实，提出评定烈士的报告，报本级人民政府。本级人民政府审核后逐级上报至省、自治区、直辖市人民政府审查评定。评定为烈士的，由省、自治区、直辖市人民政府送国务院退役军人工作主管部门复核。

属于本条例第八条第一款第三项、第四项规定情形的，由国务院有关部门提出评定烈士的报告，送国务院退役军人工作主管部门审查评定。

属于本条例第八条第一款第五项规定情形的，由死者生前所在工作单位、死者遗属或者事件发生地的组织、公民，向死者生前工作单位所在地、死者遗属户籍所在地或者事件发生地的县级人民政府退役军人工作主管部门提供有关死者牺牲情节等材料。收到材料的县级人民政府退役军人工作主管部门应当及时调查核实，提出评定烈士的报告，报本级人民政府。本级人民政府审核后逐级上报至省、自治区、直辖市人民政府，由省、自治区、直辖市人民政府审核后送国务院退役军人工作主管部门审查评定。

第十条　军队评定的烈士，由中央军事委员会政治工作部送国务院退役军人工作主管部门复核。

第十一条　国务院退役军人工作主管部门应当将复核结果告知烈士评定机关。通过复核的，由烈士评定机关向烈士遗属户籍所在地县级人民政府退役军人工作主管部门发送烈士评定通知书。

国务院退役军人工作主管部门评定的烈士，由其直接向烈士遗属户籍所在地县级人民政府退役军人工作主管部门发送烈士评定通知书。

第十二条　国务院退役军人工作主管部门负责将烈士名单呈报党和国家功勋荣誉表彰工作委员会。

烈士证书以党和国家功勋荣誉表彰工作委员会办公室名义制发。

第十三条　县级以上地方人民政府每年在烈士纪念日举行颁授仪式，向烈士遗属颁授烈士证书。

第十四条　有关组织、个人对烈士评定、复核结果有异议的，可以向烈士评定或者复核机关反映。接到反映的机关应当及时调查处理。

第三章　烈士褒扬金和烈士遗属的抚恤优待

第十五条　国家建立烈士褒扬金制度。烈士褒扬金标准为烈士牺牲时上一年度全国城镇居民人均可支配收入的30倍。战时，参战牺牲的烈士褒扬金标准可以适当提高。

烈士褒扬金由烈士证书持有人户籍所在地县级人民政府退役军人工作主管部门发给烈士的父母（抚养人）、配偶、子女；没有父母（抚养人）、配偶、子女的，发给烈士未满18周岁的兄弟姐妹和已满18周岁但无生活费来源且由烈士生前供养的兄弟姐妹。

第十六条 烈士遗属除享受本条例第十五条规定的烈士褒扬金外，属于《军人抚恤优待条例》以及相关规定适用范围的，还按照规定享受一次性抚恤金，标准为烈士牺牲时上一年度全国城镇居民人均可支配收入的20倍加烈士本人40个月的基本工资，由县级人民政府退役军人工作主管部门发放；属于《工伤保险条例》以及相关规定适用范围的，还按照规定享受一次性工亡补助金以及相当于烈士本人40个月基本工资的烈士遗属特别补助金，其中一次性工亡补助金按照《工伤保险条例》规定发放，烈士遗属特别补助金由县级人民政府退役军人工作主管部门发放。

不属于前款规定范围的烈士遗属，由县级人民政府退役军人工作主管部门发给一次性抚恤金，标准为烈士牺牲时上一年度全国城镇居民人均可支配收入的20倍加40个月的中国人民解放军少尉军官基本工资。

第十七条 符合下列条件之一的烈士遗属，还享受定期抚恤金：

（一）烈士的父母（抚养人）、配偶无劳动能力、无生活费来源，或者收入水平低于当地居民平均生活水平的；

（二）烈士的子女未满18周岁，或者已满18周岁但因残疾或者正在上学而无生活费来源的；

（三）由烈士生前供养的兄弟姐妹未满18周岁，或者已满18周岁但因正在上学而无生活费来源的。

符合前款规定条件享受定期抚恤金的烈士遗属，由其户籍所在地县级人民政府退役军人工作主管部门依据其申请，在审核确认其符合条件当月起发给定期抚恤金。

第十八条 定期抚恤金标准参照上一年度全国居民人均可支配收入水平确定。定期抚恤金的标准及其调整办法，由国务院退役军人工作主管部门会同国务院财政部门规定。

第十九条 烈士遗属享受定期抚恤金后生活仍有特殊困难的，由县级人民政府通过发放生活补助、按照规定给予临时救助或者其他方式帮助解决。

第二十条 烈士生前的配偶再婚后继续赡养烈士父母（抚养人），继续抚养烈士未满18周岁或者已满18周岁但无劳动能力、无生活费来源且由烈士生前供养的兄弟姐妹的，由其户籍所在地县级人民政府退役军人工作主管部门依据其申请，参照烈士遗属定期抚恤金的标准给予定期补助。

第二十一条 国家按照规定为居住在农村和城镇无工作单位且年满60周岁、在国家建立定期抚恤金制度时已满18周岁的烈士子女发放定期生活补助，由其户籍所在地县级人民政府退役军人工作主管部门依据其申请，在审核确认其符合条件当月起发放。

第二十二条　享受定期抚恤金、补助的烈士遗属户籍迁移的，应当同时办理定期抚恤金、补助转移手续。当年的定期抚恤金、补助由户籍迁出地县级人民政府退役军人工作主管部门发放，自次年1月起由户籍迁入地县级人民政府退役军人工作主管部门发放。

第二十三条　县级以上地方人民政府退役军人工作主管部门应当与有关部门加强协同配合、信息共享，比对人员信息、待遇领取等情况，每年对享受定期抚恤金、补助对象进行确认，及时协助符合本条例规定条件的烈士遗属办理领取定期抚恤金、补助等手续，对不再符合条件的，停发定期抚恤金、补助。

享受定期抚恤金、补助的烈士遗属死亡的，继续发放6个月其原享受的定期抚恤金、补助，作为丧葬补助费。

第二十四条　国家建立健全荣誉激励机制，褒扬彰显烈士家庭甘于牺牲奉献的精神。地方人民政府应当为烈士遗属家庭悬挂光荣牌，为烈士遗属发放优待证，邀请烈士遗属代表参加重大庆典、纪念活动。

第二十五条　国家建立健全烈士遗属关爱帮扶制度。地方人民政府应当每年定期走访慰问、常态化联系烈士遗属，关心烈士遗属生活情况，为烈士遗属优先优惠提供定期体检、短期疗养、心理疏导、精神抚慰、法律援助、人文关怀等服务。对烈士未成年子女和无赡养人的烈士父母（抚养人）实行联系人制度，加强关爱照顾。

第二十六条　烈士遗属在军队医疗卫生机构和政府举办的

医疗卫生机构按照规定享受相应的医疗优惠待遇，具体办法由国务院退役军人工作主管部门和中央军事委员会后勤保障部会同国务院财政、卫生健康、医疗保障等部门规定。

　　第二十七条　烈士的子女、兄弟姐妹本人自愿应征并且符合征兵条件的，优先批准其服现役；报考军队文职人员的，按照规定享受优待。烈士子女符合公务员考录条件的，在同等条件下优先录用为公务员。

　　烈士遗属符合就业条件的，由当地人民政府优先提供政策支持和就业服务，促进其实现稳定就业。烈士遗属已经就业，用人单位经济性裁员时，应当优先留用。烈士遗属从事经营活动的，享受国家和当地人民政府规定的优惠政策。

　　第二十八条　烈士子女接受学前教育和义务教育的，应当按照国家有关规定予以优待。烈士子女报考普通高中、中等职业学校的，按照当地政策享受录取等方面的优待；报考高等学校本、专科的，按照国家有关规定予以优待；报考研究生的，在同等条件下优先录取。在公办幼儿园和公办学校就读的，按照规定享受资助政策。

　　第二十九条　符合当地住房保障条件的烈士遗属承租、购买保障性住房的，县级以上地方人民政府有关部门应当给予优先照顾。居住在农村的烈士遗属住房有困难的，由当地人民政府帮助解决。

　　第三十条　烈士遗属凭优待证，乘坐境内运行的铁路旅客列车、轮船、长途客运班车和民航班机，享受购票、安检、候乘、通行等优先服务，随同出行的家属可以一同享受优先服务。鼓励地方人民政府为烈士遗属乘坐市内公共汽车、电车、轮渡和轨道交通工具提供优待服务，具体办法由当地人民政府规定。

烈士遗属参观游览图书馆、博物馆、美术馆、科技馆、纪念馆、体育场馆等公共文化设施和公园、展览馆、名胜古迹、景区等，按照规定享受优先优惠服务，具体办法由省、自治区、直辖市人民政府规定。

第三十一条　老年、残疾或者未满16周岁的烈士遗属，符合规定条件的可以根据本人意愿在光荣院、优抚医院集中供养。

各类社会福利机构应当优先接收烈士遗属，公办福利机构应当为烈士遗属提供优惠服务。

第四章　烈士纪念设施的保护和管理

第三十二条　按照国家有关规定修建的烈士陵园、纪念堂馆、纪念碑亭、纪念塔祠、纪念塑像、纪念广场和烈士骨灰堂、烈士墓、烈士英名墙等烈士纪念设施，受法律保护。

第三十三条　对烈士纪念设施实行分级保护，根据纪念意义、建设规模、保护状况等分为国家级烈士纪念设施、省级烈士纪念设施、设区的市级烈士纪念设施和县级烈士纪念设施。分级的具体标准由国务院退役军人工作主管部门规定。

国家级烈士纪念设施，由国务院退役军人工作主管部门报国务院批准后公布。

地方各级烈士纪念设施，由县级以上地方人民政府退役军人工作主管部门报本级人民政府批准后公布,并报上一级人民政府退役军人工作主管部门备案。

第三十四条　县级以上地方人民政府应当加强对烈士纪念设施的规划、建设、修缮、管理、维护,并将烈士纪念设施建设、修缮纳入国民经济和社会发展有关规划、国土空间规划等规划,确定烈士纪念设施保护单位,划定烈士纪念设施保护范围,设立保护标志,为安葬和纪念烈士提供良好的场所。

烈士纪念设施保护标志式样,由国务院退役军人工作主管部门规定。

第三十五条　烈士纪念设施的保护范围,应当根据烈士纪念设施的类别、规模、保护级别以及周围环境情况等划定,在烈士纪念设施边界外保持合理安全距离,确保烈士纪念设施周边环境庄严肃穆。

国家级烈士纪念设施的保护范围,由所在地省、自治区、直辖市人民政府划定,并由其退役军人工作主管部门报国务院退役军人工作主管部门备案。

地方各级烈士纪念设施的保护范围,由批准其保护级别的人民政府划定,并由其退役军人工作主管部门报上一级人民政府退役军人工作主管部门备案。

第三十六条　县级以上人民政府有关部门应当做好烈士纪念设施的保护和管理工作,严格履行新建、迁建、改扩建烈士纪念设施审批和改陈布展、讲解词审查程序,及时办理烈士纪念设施不动产登记,实行规范管理,提升烈士纪念设施管理效能。

未经批准，不得新建、迁建、改扩建烈士纪念设施。

第三十七条　烈士纪念设施应当免费向社会开放，供公众瞻仰、悼念烈士，开展纪念教育活动。

烈士纪念设施保护单位应当健全管理工作规范，维护纪念烈士活动的秩序，提高管理和服务水平。

第三十八条　烈士纪念设施保护单位应当搜集、整理、保管、陈列烈士遗物和事迹史料。属于文物的，依照有关法律、法规的规定予以保护。

第三十九条　烈士纪念设施保护单位应当根据事业发展和实际工作需要配备研究馆员和英烈讲解员，提高展陈和讲解人员专业素养，发挥红色资源优势，拓展宣传教育功能。

第四十条　烈士纪念设施名称应当严格按照批准保护级别时确定名称规范表述。

国家级烈士纪念设施确需更名的，由省、自治区、直辖市人民政府退役军人工作主管部门提出申请，经国务院退役军人工作主管部门批准后公布，并报国务院备案。

地方各级烈士纪念设施确需更名的，由省、自治区、直辖市人民政府退役军人工作主管部门批准后公布，并报本级人民政府和国务院退役军人工作主管部门备案。

第四十一条　任何组织和个人不得侵占烈士纪念设施保护范围内的土地和设施，不得以任何方式破坏、污损烈士纪念设施。

禁止在烈士纪念设施保护范围内进行其他工程建设。在烈士纪念设施保护范围周边进行工程建设，不得破坏烈士纪念设施的历史风貌，不得影响烈士纪念设施安全或者污染其环境。

第四十二条 任何组织和个人不得在烈士纪念设施保护范围内为烈士以外的其他人修建纪念设施或者安放骨灰、埋葬遗体。

第四十三条 任何组织和个人不得在烈士纪念设施保护范围内从事与纪念烈士无关或者有损烈士形象、有损纪念烈士环境和氛围的活动。

第四十四条 烈士在烈士陵园安葬。未在烈士陵园安葬的，县级以上地方人民政府退役军人工作主管部门征得烈士遗属同意，可以迁移到烈士陵园安葬，当地没有烈士陵园的，可以予以集中安葬。安葬烈士时，县级以上地方人民政府应当举行庄严、肃穆、文明、节俭的送迎、安葬仪式。

战时，参战牺牲烈士遗体收殓安葬工作由县级以上人民政府有关部门和军队有关部门负责，具体按照国家和军队有关规定办理。

第五章　烈士遗骸和遗物的保护

第四十五条 烈士遗骸、遗物受法律保护。

烈士遗物应当妥善保护、管理。

第四十六条 国务院退役军人工作主管部门会同有关部门制定烈士遗骸搜寻、发掘、鉴定整体工作规划和年度工作计划，有序组织实施烈士遗骸搜寻、发掘、鉴定工作，县级以上地方人民政府有关部门应当协同配合。

第四十七条 县级以上人民政府退役军人工作主管部门负

责组织搜寻、发掘、鉴定烈士遗骸，有关组织和个人应当支持配合。

第四十八条　任何组织和个人发现疑似烈士遗骸时，应当及时报告当地县级人民政府退役军人工作主管部门。县级以上人民政府退役军人工作主管部门应当会同党史、公安、档案、文物、规划等有关部门，利用档案史料、现场遗物和技术鉴定比对等确定遗骸身份。对确定为烈士遗骸的，应当根据遗骸的现状、地点、环境等确定保护方式。

第四十九条　县级以上人民政府退役军人工作主管部门应当妥善保护烈士遗骸，按照规定安葬或者安放；对烈士遗物登记造册，妥善保管，有效运用；按照规定管理烈士遗骸的鉴定数据信息。

第五十条　鼓励支持有条件的教学科研机构、社会组织和其他社会力量有序参与烈士遗骸搜寻、发掘、鉴定和保护工作。

第五十一条　国家通过对外交流合作，搜寻查找在国外牺牲和失踪烈士的遗骸、遗物、史料信息，加强保护工作。

第五十二条　建立政府主导、社会协同、公民参与的工作机制，利用烈士遗骸搜寻鉴定成果和技术手段为烈士确认身份、寻找亲属。具体办法由国务院退役军人工作主管部门会同有关部门规定。

第六章　烈士事迹和精神的宣传弘扬

第五十三条　加强烈士事迹和精神的宣传、教育。各级人民政府应当把宣传、弘扬烈士事迹和精神作为社会主义精神文明建设的重要内容，加强爱国主义、集体主义、社会主义教育。

机关、团体、企业事业单位和其他组织应当采取多种形式纪念烈士，学习、宣传烈士事迹和精神。

第五十四条 县级以上人民政府应当在烈士纪念日举行烈士纪念活动，邀请烈士遗属代表参加。

在清明节和重要纪念日，机关、团体、企业事业单位和其他组织根据实际情况，组织开展烈士纪念活动。

第五十五条 教育行政部门应当以青少年学生为重点，将烈士事迹和精神宣传教育纳入国民教育体系。各级各类学校应当加强烈士事迹和精神教育，定期组织学生瞻仰烈士纪念设施。提倡青少年入队入团仪式、开学教育、主题团队日活动等在烈士纪念设施举行。

文化、新闻出版、广播电视、电影、网信等部门应当鼓励和支持以烈士事迹为题材、弘扬烈士精神的优秀文学艺术作品、广播电视和网络视听节目以及出版物的创作生产和宣传推广。

广播电台、电视台、报刊出版单位和网络视听平台以及其他互联网信息服务提供者应当通过播放或者刊登烈士题材作品、发布公益广告、开设专栏等方式，广泛宣传烈士事迹和精神。

第五十六条 建立健全烈士祭扫制度和礼仪规范，倡导网络祭扫、绿色祭扫，引导公民庄严有序开展祭扫纪念活动，鼓励社会力量积极参与烈士纪念设施保护、烈士事迹讲解、烈士纪念场所秩序维护等工作。

县级以上人民政府退役军人工作主管部门应当为社会公众祭扫纪念活动提供便利,做好服务保障工作。烈士纪念设施所在地人民政府退役军人工作主管部门对前来祭扫的烈士遗属,应当做好接待服务工作。烈士遗属户籍所在地人民政府退役军人工作主管部门组织烈士遗属前往烈士纪念设施祭扫的,应当妥善安排,确保安全;对自行前往异地祭扫的烈士遗属按照规定给予补助。

第五十七条 地方人民政府应当组织收集、整理、展陈烈士遗物、史料,编纂烈士英名录,将烈士事迹载入地方志。县级以上地方人民政府退役军人工作主管部门应当会同有关部门做好烈士史料研究工作。

第七章 法 律 责 任

第五十八条 县级以上地方人民政府和有关部门、单位及其工作人员有下列情形之一的,对负有责任的领导人员和直接责任人员依法给予处分:

(一) 违反本条例规定评定、复核烈士或者审批抚恤优待的;

(二) 不按照规定的标准、数额、对象审批或者发放烈士褒扬金或者抚恤金、补助的;

(三) 不按照规定履行烈士纪念设施保护、管理职责的;

(四) 利用职务便利谋取私利的;

（五）在烈士褒扬工作中滥用职权、玩忽职守、徇私舞弊的。

第五十九条 县级以上地方人民政府和有关部门、单位及其工作人员套取、挪用、贪污烈士褒扬和烈士遗属抚恤优待经费的，由上级主管部门责令退回、追回，对负有责任的领导人员和直接责任人员依法给予处分。

第六十条 负有烈士遗属优待义务的单位不履行优待义务的，由县级以上地方人民政府退役军人工作主管部门责令限期履行义务；逾期仍未履行的，处2万元以上5万元以下的罚款；对负有责任的领导人员和直接责任人员依法给予处分。

第六十一条 冒领烈士褒扬金、抚恤金、补助，出具虚假证明或者伪造证件、印章骗取烈士褒扬金或者抚恤金、补助的，由县级以上地方人民政府退役军人工作主管部门取消相关待遇、追缴违法所得，并由其所在单位或者有关部门依法给予处分。

第六十二条 烈士遗属因犯罪被判处有期徒刑、剥夺政治权利或者被通缉期间，中止其享受的抚恤和优待；被判处死刑、无期徒刑的，取消其抚恤优待资格。

烈士遗属有前款规定情形的，由省、自治区、直辖市人民政府退役军人工作主管部门按照国家有关规定中止或者取消其抚恤优待相关待遇，报国务院退役军人工作主管部门备案。

第六十三条 违反本条例规定，有下列行为之一的，由县级以上人民政府退役军人工作主管部门责令改正，恢复原状、原貌；造成损失的，依法承担民事责任：

（一）未经批准新建、迁建、改扩建烈士纪念设施的；

（二）非法侵占烈士纪念设施保护范围内的土地、设施的；

（三）破坏、污损烈士纪念设施的；

（四）在烈士纪念设施保护范围内进行其他工程建设的；

（五）在烈士纪念设施保护范围内为烈士以外的其他人修建纪念设施、安放骨灰、埋葬遗体的。

第六十四条　在烈士纪念设施保护范围内从事与纪念烈士无关或者有损烈士形象、有损纪念烈士环境和氛围的活动的，烈士纪念设施保护单位应当及时劝阻；不听劝阻的，由县级以上地方人民政府退役军人工作主管部门给予批评教育，责令改正。

第六十五条　擅自发掘、鉴定、处置烈士遗骸，或者利用烈士遗物损害烈士尊严和合法权益的，由县级以上地方人民政府退役军人工作主管部门责令停止相关行为。

第六十六条　违反本条例规定，构成违反治安管理行为的，依法给予治安管理处罚；构成犯罪的，依法追究刑事责任。

第八章　附　　则

第六十七条　本条例所称战时，按照国家和军队有关规定执行。

国家综合性消防救援队伍人员在执行任务中牺牲应当评定烈士的，按照国家有关规定执行。

第六十八条　烈士证书、烈士评定通知书由国务院退役军人工作主管部门印制。

第六十九条 位于国外的烈士纪念设施的保护，由国务院退役军人工作主管部门会同外交部等有关部门办理。烈士在国外安葬的，由中华人民共和国驻该国外交、领事代表机构结合驻在国实际情况组织开展祭扫活动。

第七十条 本条例自2025年1月1日起施行。

中华人民共和国国务院
中华人民共和国中央军事委员会令

第 788 号

现公布修订后的《军人抚恤优待条例》,自 2024 年 10 月 1 日起施行。

中央军委主席 **习近平** 国务院总理 **李强**

2024 年 8 月 5 日

军人抚恤优待条例

（2004年8月1日中华人民共和国国务院、中华人民共和国中央军事委员会令第413号公布 根据2011年7月29日《国务院、中央军事委员会关于修改〈军人抚恤优待条例〉的决定》第一次修订 根据2019年3月2日《国务院关于修改部分行政法规的决定》第二次修订 2024年8月5日中华人民共和国国务院、中华人民共和国中央军事委员会令第788号第三次修订）

第一章 总 则

第一条 为了保障国家对军人的抚恤优待，激励军人保卫祖国、建设祖国的献身精神，加强国防和军队现代化建设，让军人成为全社会尊崇的职业，根据《中华人民共和国国防法》、《中华人民共和国兵役法》、《中华人民共和国军人地位和权益保障法》、《中华人民共和国退役军人保障法》等有关法律，制定本条例。

第二条 本条例所称抚恤优待对象包括：

（一）军人；

（二）服现役和退出现役的残疾军人；

（三）烈士遗属、因公牺牲军人遗属、病故军人遗属；

（四）军人家属；

（五）退役军人。

第三条　军人抚恤优待工作坚持中国共产党的领导。

军人抚恤优待工作应当践行社会主义核心价值观，贯彻待遇与贡献匹配、精神与物质并重、关爱与服务结合的原则，分类保障，突出重点，逐步推进抚恤优待制度城乡统筹，健全抚恤优待标准动态调整机制，确保抚恤优待保障水平与经济社会发展水平、国防和军队建设需要相适应。

第四条　国家保障抚恤优待对象享受社会保障和基本公共服务等公民普惠待遇，同时享受相应的抚恤优待待遇。

在审核抚恤优待对象是否符合享受相应社会保障和基本公共服务等条件时，抚恤金、补助金和优待金不计入抚恤优待对象个人和家庭收入。

第五条　国务院退役军人工作主管部门负责全国的军人抚恤优待工作；县级以上地方人民政府退役军人工作主管部门负责本行政区域内的军人抚恤优待工作。

中央和国家有关机关、中央军事委员会有关部门、地方各级有关机关应当在各自职责范围内做好军人抚恤优待工作。

第六条　按照中央与地方财政事权和支出责任划分原则，军人抚恤优待所需经费主要由中央财政负担，适度加大省级财政投入力度，减轻基层财政压力。

县级以上地方人民政府应当对军人抚恤优待工作经费予以

保障。

中央和地方财政安排的军人抚恤优待所需经费和工作经费，实施全过程预算绩效管理，并接受财政、审计部门的监督。

第七条 国家鼓励和引导群团组织、企业事业单位、社会组织、个人等社会力量依法通过捐赠、设立基金、志愿服务等方式为军人抚恤优待工作提供支持和帮助。

全社会应当关怀、尊重抚恤优待对象，开展各种形式的拥军优属活动，营造爱国拥军、尊崇军人浓厚氛围。

第八条 国家推进军人抚恤优待工作信息化，加强抚恤优待对象综合信息平台建设，加强部门协同配合、信息共享，实现对抚恤优待对象的精准识别，提升军人抚恤优待工作服务能力和水平。

国家建立享受定期抚恤补助对象年度确认制度和冒领待遇追责机制，确保抚恤优待资金准确发放。

第九条 对在军人抚恤优待工作中做出显著成绩的单位和个人，按照国家有关规定给予表彰和奖励。

第二章 军人死亡抚恤

第十条 烈士遗属享受烈士褒扬金、一次性抚恤金，并可以按照规定享受定期抚恤金、丧葬补助、一次性特别抚恤金等。

因公牺牲军人遗属、病故军人遗属享受一次性抚恤金，并可以按照规定享受定期抚恤金、丧葬补助、一次性特别抚恤金等。

第十一条 军人牺牲，符合下列情形之一的，评定为烈士：

（一）对敌作战牺牲，或者对敌作战负伤在医疗终结前因伤牺牲的；

（二）因执行任务遭敌人或者犯罪分子杀害，或者被俘、被捕后不屈遭敌人杀害或者被折磨牺牲的；

（三）为抢救和保护国家财产、集体财产、公民生命财产或者执行反恐怖任务和处置突发事件牺牲的；

（四）因执行军事演习、战备航行飞行、空降和导弹发射训练、试航试飞任务以及参加武器装备科研试验牺牲的；

（五）在执行外交任务或者国家派遣的对外援助、维持国际和平任务中牺牲的；

（六）其他牺牲情节特别突出，堪为楷模的。

军人在执行对敌作战、维持国际和平、边海防执勤或者抢险救灾等任务中失踪，被宣告死亡的，按照烈士对待。

评定烈士，属于因战牺牲的，由军队团级以上单位政治工作部门批准；属于非因战牺牲的，由军队军级以上单位政治工作部门批准；属于本条第一款第六项规定情形的，由中央军事委员会政治工作部批准。

第十二条 军人死亡，符合下列情形之一的，确认为因公牺牲：

（一）在执行任务中、工作岗位上或者在上下班途中，由于意外事件死亡的；

（二）被认定为因战、因公致残后因旧伤复发死亡的；

（三）因患职业病死亡的；

（四）在执行任务中或者在工作岗位上因病猝然死亡的；

（五）其他因公死亡的。

军人在执行对敌作战、维持国际和平、边海防执勤或者抢险救灾以外的其他任务中失踪，被宣告死亡的，按照因公牺牲对待。

军人因公牺牲，由军队团级以上单位政治工作部门确认；属于本条第一款第五项规定情形的，由军队军级以上单位政治工作部门确认。

第十四条 军人除本条例第十二条第一款第三项、第四项规定情形以外，因其他疾病死亡的，确认为病故。

军人非执行任务死亡，或者失踪被宣告死亡的，按照病故对待。

军人病故，由军队团级以上单位政治工作部门确认。

第十四条 军人牺牲被评定为烈士、确认为因公牺牲或者病故后，由军队有关部门或者单位向烈士遗属、因公牺牲军人遗属、病故军人遗属户籍所在地县级人民政府退役军人工作主管部门发送《烈士评定通知书》、《军人因公牺牲通知书》、《军人病故通知书》和《军人因公牺牲证明书》、《军人病故证明书》。烈士证书的颁发按照《烈士褒扬条例》的规定执行，《军人因公牺牲证明书》、《军人病故证明书》由本条规定的县级人民政府退役军人工作主管部门发给因公牺牲军人遗属、病故军人遗属。

遗属均为军人且无户籍的，军人单位所在地作为遗属户籍地。

第十五条 烈士褒扬金由领取烈士证书的烈士遗属户籍所在地县级人民政府退役军人工作主管部门，按照烈士牺牲时上一年度全国城镇居民人均可支配收入30倍的标准发给其遗属。

战时，参战牺牲的烈士褒扬金标准可以适当提高。

军人死亡，根据其死亡性质和死亡时的月基本工资标准，由收到《烈士评定通知书》、《军人因公牺牲通知书》、《军人病故通知书》的县级人民政府退役军人工作主管部门，按照以下标准发给其遗属一次性抚恤金：烈士和因公牺牲的，为上一年度全国城镇居民人均可支配收入的20倍加本人40个月的基本工资；病故的，为上一年度全国城镇居民人均可支配收入的2倍加本人40个月的基本工资。月基本工资或者津贴低于少尉军官基本工资标准的，按照少尉军官基本工资标准计算。被追授军衔的，按照所追授的军衔等级以及相应待遇级别确定月基本工资标准。

第十六条 服现役期间获得功勋荣誉表彰的军人被评定为烈士、确认为因公牺牲或者病故的，其遗属在应当享受的一次性抚恤金的基础上，由县级人民政府退役军人工作主管部门按照下列比例增发一次性抚恤金：

（一）获得勋章或者国家荣誉称号的，增发40%；

（二）获得党中央、国务院、中央军事委员会单独或者联合授予荣誉称号的，增发35%；

（三）立一等战功、获得一级表彰或者获得中央军事委员会授权的单位授予荣誉称号的，增发30%；

（四）立二等战功、一等功或者获得二级表彰并经批准的，增发25%；

（五）立三等战功或者二等功的，增发15%；

（六）立四等战功或者三等功的，增发5%。

军人死亡后被追授功勋荣誉表彰的，比照前款规定增发一次性抚恤金。

服现役期间多次获得功勋荣誉表彰的烈士、因公牺牲军人、病故军人，其遗属由县级人民政府退役军人工作主管部门按照其中最高的增发比例，增发一次性抚恤金。

第十七条　对生前作出特殊贡献的烈士、因公牺牲军人、病故军人，除按照本条例规定发给其遗属一次性抚恤金外，军队可以按照有关规定发给其遗属一次性特别抚恤金。

第十八条　烈士褒扬金发给烈士的父母（抚养人）、配偶、子女；没有父母（抚养人）、配偶、子女的，发给未满18周岁的兄弟姐妹和已满18周岁但无生活费来源且由该军人生前供养的兄弟姐妹。

一次性抚恤金发给烈士遗属、因公牺牲军人遗属、病故军人遗属，遗属的范围按照前款规定确定。

第十九条　对符合下列条件的烈士遗属、因公牺牲军人遗属、病故军人遗属，由其户籍所在地县级人民政府退役军人工作主管部门依据其申请，在审核确认其符合条件当月起发给定期抚恤金：

（一）父母（抚养人）、配偶无劳动能力、无生活费来源，或者收入水平低于当地居民平均生活水平的；

（二）子女未满18周岁或者已满18周岁但因上学或者残疾无生活费来源的；

（三）兄弟姐妹未满18周岁或者已满18周岁但因上学无生活费来源且由该军人生前供养的。

定期抚恤金标准应当参照上一年度全国居民人均可支配收入水平确定，具体标准及其调整办法，由国务院退役军人工作主管部门会同国务院财政部门规定。

第二十条 烈士、因公牺牲军人、病故军人生前的配偶再婚后继续赡养烈士、因公牺牲军人、病故军人父母（抚养人），继续抚养烈士、因公牺牲军人、病故军人生前供养的未满18周岁或者已满18周岁但无劳动能力且无生活费来源的兄弟姐妹的，由其户籍所在地县级人民政府退役军人工作主管部门继续发放定期抚恤金。

第二十一条 对领取定期抚恤金后生活仍有特殊困难的烈士遗属、因公牺牲军人遗属、病故军人遗属，县级以上地方人民政府可以增发抚恤金或者采取其他方式予以困难补助。

第二十二条 享受定期抚恤金的烈士遗属、因公牺牲军人遗属、病故军人遗属死亡的，继续发放6个月其原享受的定期抚恤金，作为丧葬补助。

第二十三条 军人失踪被宣告死亡的，在其被评定为烈士、确认为因公牺牲或者病故后，又经法定程序撤销对其死亡宣告的，由原评定或者确认机关取消其烈士、因公牺牲军人或者病故军人资格，并由发证机关收回有关证件，终止其家属原享受的抚恤待遇。

第三章 军人残疾抚恤

第二十四条 残疾军人享受残疾抚恤金，并可以按照规定享受供养待遇、护理费等。

第二十五条 军人残疾,符合下列情形之一的,认定为因战致残:

(一)对敌作战负伤致残的;

(二)因执行任务遭敌人或者犯罪分子伤害致残,或者被俘、被捕后不屈遭敌人伤害或者被折磨致残的;

(三)为抢救和保护国家财产、集体财产、公民生命财产或者执行反恐怖任务和处置突发事件致残的;

(四)因执行军事演习、战备航行飞行、空降和导弹发射训练、试航试飞任务以及参加武器装备科研试验致残的;

(五)在执行外交任务或者国家派遣的对外援助、维持国际和平任务中致残的;

(六)其他因战致残的。

军人残疾,符合下列情形之一的,认定为因公致残:

(一)在执行任务中、工作岗位上或者在上下班途中,由于意外事件致残的;

(二)因患职业病致残的;

(三)在执行任务中或者在工作岗位上突发疾病受伤致残的;

(四)其他因公致残的。

义务兵和初级军士除前款第二项、第三项规定情形以外,因其他疾病导致残疾的,认定为因病致残。

第二十六条 残疾的等级,根据劳动功能障碍程度和生活自理障碍程度确定,由重到轻分为一级至十级。

残疾等级的具体评定标准由国务院退役军人工作主管部门

会同国务院人力资源社会保障部门、卫生健康部门和军队有关部门规定。

第二十七条 军人因战、因公致残经治疗伤情稳定后，符合评定残疾等级条件的，应当及时评定残疾等级。义务兵和初级军士因病致残经治疗病情稳定后，符合评定残疾等级条件的，本人（无民事行为能力人或者限制民事行为能力人由其监护人）或者所在单位应当及时提出申请，在服现役期间评定残疾等级。

因战、因公致残，残疾等级被评定为一级至十级的，享受抚恤；因病致残，残疾等级被评定为一级至六级的，享受抚恤。评定残疾等级的，从批准当月起发给残疾抚恤金。

第二十八条 因战、因公、因病致残性质的认定和残疾等级的评定权限是：

（一）义务兵和初级军士的残疾，由军队军级以上单位卫生部门会同相关部门认定和评定；

（二）军官、中级以上军士的残疾，由军队战区级以上单位卫生部门会同相关部门认定和评定；

（三）退出现役的军人和移交政府安置的军队离休退休干部、退休军士需要认定残疾性质和评定残疾等级的，由省级人民政府退役军人工作主管部门认定和评定。

评定残疾等级，应当依据医疗卫生专家小组出具的残疾等级医学鉴定意见。

残疾军人由认定残疾性质和评定残疾等级的机关发给《中华人民共和国残疾军人证》。

第二十九条 军人因战、因公致残，未及时评定残疾等级，退出现役后，本人（无民事行为能力人或者限制民事行为能力人由其监护人）应当及时申请补办评定残疾等级；凭原始档案记载及原始病历能够证明服现役期间的残情和伤残性质符合评定残疾等级条件的，可以评定残疾等级。

被诊断、鉴定为职业病或者因体内残留弹片致残，符合残疾等级评定条件的，可以补办评定残疾等级。

军人被评定残疾等级后，在服现役期间或者退出现役后原致残部位残疾情况发生明显变化，原定残疾等级与残疾情况明显不符，本人（无民事行为能力人或者限制民事行为能力人由其监护人）申请或者军队卫生部门、地方人民政府退役军人工作主管部门提出需要调整残疾等级的，可以重新评定残疾等级。申请调整残疾等级应当在上一次评定残疾等级1年后提出。

第三十条 退出现役的残疾军人或者向政府移交的残疾军人，应当自军队办理退役手续或者移交手续后60日内，向户籍迁入地县级人民政府退役军人工作主管部门申请转入抚恤关系，按照残疾性质和等级享受残疾抚恤金。其退役或者向政府移交当年的残疾抚恤金由所在部队发给，迁入地县级人民政府退役军人工作主管部门从下一年起按照当地的标准发给。

因工作需要继续服现役的残疾军人，经军队军级以上单位批准，由所在部队按照规定发给残疾抚恤金。

第三十一条 残疾军人的抚恤金标准应当参照上一年度全国城镇单位就业人员年平均工资水平确定。残疾抚恤金的标准以及一级至十级残疾军人享受残疾抚恤金的具体办法，由国务院退役军人工作主管部门会同国务院财政部门规定。

对领取残疾抚恤金后生活仍有特殊困难的残疾军人，县级以上地方人民政府可以增发抚恤金或者采取其他方式予以困难补助。

第三十二条 退出现役的因战、因公致残的残疾军人因旧伤复发死亡的，由县级人民政府退役军人工作主管部门按照因公牺牲军人的抚恤金标准发给其遗属一次性抚恤金，其遗属按照国家规定享受因公牺牲军人遗属定期抚恤金待遇。

退出现役的残疾军人因病死亡的，对其遗属继续发放12个月其原享受的残疾抚恤金，作为丧葬补助；其中，因战、因公致残的一级至四级残疾军人因病死亡的，其遗属按照国家规定享受病故军人遗属定期抚恤金待遇。

第三十三条 退出现役时为一级至四级的残疾军人，由国家供养终身；其中，对需要长年医疗或者独身一人不便分散供养的，经省级人民政府退役军人工作主管部门批准，可以集中供养。

第三十四条 对退出现役时分散供养的一级至四级、退出现役后补办或者调整为一级至四级、服现役期间因患精神障碍评定为五级至六级的残疾军人发给护理费，护理费的标准为：

（一）因战、因公一级和二级残疾的，为当地上一年度城镇单位就业人员月平均工资的50%；

（二）因战、因公三级和四级残疾的，为当地上一年度城镇单位就业人员月平均工资的40%；

（三）因病一级至四级残疾的，为当地上一年度城镇单位

就业人员月平均工资的30%;

（四）因精神障碍五级至六级残疾的，为当地上一年度城镇单位就业人员月平均工资的25%。

退出现役并移交地方的残疾军人的护理费，由县级以上地方人民政府退役军人工作主管部门发给。未退出现役或者未移交地方的残疾军人的护理费，由所在部队按照军队有关规定发给。移交政府安置的离休退休残疾军人的护理费，按照国家和军队有关规定执行。

享受护理费的残疾军人在优抚医院集中收治期间，护理费由优抚医院统筹使用。享受护理费的残疾军人在部队期间，由单位从地方购买照护服务的，护理费按照规定由单位纳入购买社会服务费用统一管理使用。

第三十五条 残疾军人因残情需要配制假肢、轮椅、助听器等康复辅助器具，正在服现役的，由军队军级以上单位负责解决；退出现役的，由省级人民政府退役军人工作主管部门负责解决，所需经费由省级人民政府保障。

第四章 优　　待

第三十六条 抚恤优待对象依法享受家庭优待金、荣誉激励、关爱帮扶，以及教育、医疗、就业、住房、养老、交通、文化等方面的优待。

第三十七条 国家完善抚恤优待对象表彰、奖励办法，构建精神与物质并重的荣誉激励制度体系，建立抚恤优待对象荣誉激励机制，健全邀请参加重大庆典活动、开展典型宣传、悬挂光荣牌、制发优待证、送喜报、载入地方志、组织短期疗养等政策制度。

第三十八条 国家建立抚恤优待对象关爱帮扶机制，逐步完善抚恤优待对象生活状况信息档案登记制度，有条件的地方可以设立退役军人关爱基金，充分利用退役军人关爱基金等开展帮扶援助，加大对生活发生重大变故、遇到特殊困难的抚恤优待对象的关爱帮扶力度。

乡镇人民政府、街道办事处通过入户走访等方式，主动了解本行政区域抚恤优待对象的生活状况，及时发现生活困难的抚恤优待对象，提供协助申请、组织帮扶等服务。基层群众性自治组织应当协助做好抚恤优待对象的走访帮扶工作。鼓励发挥社会组织、社会工作者和志愿者作用，为抚恤优待对象提供心理疏导、精神抚慰、法律援助、人文关怀等服务。县级以上人民政府应当采取措施，为乡镇人民政府、街道办事处以及基层群众性自治组织开展相关工作提供条件和支持。

第三十九条 国家对烈士遗属逐步加大教育、医疗、就业、养老、住房、交通、文化等方面的优待力度。

国务院有关部门、军队有关部门和地方人民政府应当关心烈士遗属的生活情况，开展走访慰问，及时给予烈士遗属荣誉激励和精神抚慰。

烈士子女符合公务员、社区专职工作人员考录、聘用条件的，在同等条件下优先录用或者聘用。

第四十条 烈士、因公牺牲军人、病故军人的子女、兄弟姐妹以及军人子女，本人自愿应征并且符合征兵条件的，优先批准服现役;报考军队文职人员的,按照规定享受优待。

第四十一条 国家兴办优抚医院、光荣院,按照规定为抚恤优待对象提供优待服务。县级以上人民政府应当充分利用现有医疗和养老服务资源,因地制宜加强优抚医院、光荣院建设,收治或者集中供养孤老、生活不能自理的退役军人。

参战退役军人、烈士遗属、因公牺牲军人遗属、病故军人遗属和军人家属,符合规定条件申请在国家兴办的优抚医院、光荣院集中供养、住院治疗、短期疗养的,享受优先、优惠待遇。

各类社会福利机构应当优先接收抚恤优待对象。烈士遗属、因公牺牲军人遗属、病故军人遗属和军人家属,符合规定条件申请入住公办养老机构的,同等条件下优先安排。

第四十二条 国家建立中央和地方财政分级负担的义务兵家庭优待金制度,义务兵服现役期间,其家庭由批准入伍地县级人民政府发给优待金,同时按照规定享受其他优待。

义务兵和军士入伍前依法取得的农村土地承包经营权,服现役期间应当保留。

义务兵从部队发出的平信,免费邮递。

第四十三条 烈士子女报考普通高中、中等职业学校、高等学校,按照《烈士褒扬条例》等法律法规和国家有关规定享受优待。在公办幼儿园和公办学校就读的,按照国家有关规定享受各项学生资助等政策。

因公牺牲军人子女、一级至四级残疾军人子女报考普通高中、中等职业学校、高等学校,在录取时按照国家有关规定给予优待；接受学历教育的，按照国家有关规定享受各项学生资助等政策。

军人子女入读公办义务教育阶段学校和普惠性幼儿园，可以在本人、父母、祖父母、外祖父母或者其他法定监护人户籍所在地，或者父母居住地、部队驻地入学，享受当地军人子女教育优待政策；报考普通高中、中等职业学校、高等学校，按照国家有关规定优先录取；接受学历教育的，按照国家有关规定享受各项学生资助等政策。地方各级人民政府及其有关部门应当按照法律法规和国家有关规定为军人子女创造接受良好教育的条件。

残疾军人、义务兵和初级军士退出现役后，报考中等职业学校和高等学校，按照国家有关规定享受优待。优先安排残疾军人参加学习培训，按照规定享受国家资助政策。退役军人按照规定免费参加教育培训。符合条件的退役大学生士兵复学、转专业、攻读硕士研究生等，按照国家有关规定享受优待政策。

抚恤优待对象享受教育优待的具体办法由国务院退役军人工作主管部门会同国务院教育部门规定。

第四十四条 国家对一级至六级残疾军人的医疗费用按照规定予以保障，其中参加工伤保险的一级至六级残疾军人旧伤复发的医疗费用，由工伤保险基金支付。

七级至十级残疾军人旧伤复发的医疗费用，已经参加工伤保险的，由工伤保险基金支付；未参加工伤保险，有工作单位的由工作单位解决，没有工作单位的由当地县级以上地方人民政府负责解决。七级至十级残疾军人旧伤复发以外的医疗费用,未参加医疗保险且本人支付有困难的,由当地县级以上地方人民政府酌情给予补助。

抚恤优待对象在军队医疗卫生机构和政府举办的医疗卫生机构按照规定享受优待服务,国家鼓励社会力量举办的医疗卫生机构为抚恤优待对象就医提供优待服务。参战退役军人、残疾军人按照规定享受医疗优惠。

抚恤优待对象享受医疗优待和优惠的具体办法由国务院退役军人工作主管部门和中央军事委员会后勤保障部会同国务院财政、卫生健康、医疗保障等部门规定。

中央财政对地方给予适当补助,用于帮助解决抚恤优待对象的医疗费用困难问题。

第四十五条 义务兵和军士入伍前是机关、群团组织、事业单位或者国有企业工作人员,退出现役后以自主就业方式安置的,可以选择复职复工,其工资、福利待遇不得低于本单位同等条件工作人员的平均水平;服现役期间,其家属继续享受该单位工作人员家属的有关福利待遇。

残疾军人、义务兵和初级军士退出现役后,报考公务员的,按照国家有关规定享受优待。

第四十六条 国家依法保障军人配偶就业安置权益。机关、群团组织、企业事业单位、社会组织和其他组织,应当依法履行接收军人配偶就业安置的义务。经军队团级以上单位政治工作部门批准随军的军官家属、军士家属,由驻军所在地公安机关办理落户手续。

军人配偶随军前在机关或者事业单位工作的,由安置地人民政府及其主管部门按照国家有关规定，安排到相应的工作单位。其中，随军前是公务员的，采取转任等方式，在规定的编制限额和职数内，结合当地和随军家属本人实际情况，原则上安置到机关相应岗位；随军前是事业单位工作人员的，采取交流方式，在规定的编制限额和设置的岗位数内，结合当地和随军家属本人实际情况，原则上安置到事业单位相应岗位。经个人和接收单位双向选择，也可以按照规定安置到其他单位适宜岗位。

军人配偶随军前在其他单位工作或者无工作单位且有就业能力和就业意愿的，由安置地人民政府提供职业指导、职业介绍、职业培训等就业服务，按照规定落实相关扶持政策，帮助其实现就业。

烈士遗属、因公牺牲军人遗属和符合规定条件的军人配偶，当地人民政府应当优先安排就业。符合条件的军官和军士退出现役时，其配偶和子女可以按照国家有关规定随调随迁。

第四十七条　国家鼓励有用工需求的用人单位优先安排随军家属就业。国有企业在新招录职工时，应当按照用工需求的适当比例聘用随军家属；有条件的民营企业在新招录职工时，可以按照用工需求的适当比例聘用随军家属。

国家鼓励和扶持有条件、有意愿的军人配偶自主就业、自主创业，按照规定落实相关扶持政策。

第四十八条　驻边疆国境的县（市）、沙漠区、国家确定的边远地区中的三类地区和军队确定的特、一、二类岛屿部队的军官、军士，其符合随军条件无法随军的家属，可以选择在军人、军人配偶原户籍所在地或者军人父母、军人配偶父母户籍所在地自愿落户，所在地人民政府应当妥善安置。

第四十九条 随军的烈士遗属、因公牺牲军人遗属、病故军人遗属，移交地方人民政府安置的，享受本条例和当地人民政府规定的优待。

第五十条 退出现役后，在机关、群团组织、企业事业单位和社会组织工作的残疾军人，享受与所在单位工伤人员同等的生活福利和医疗待遇。所在单位不得因其残疾将其辞退、解除聘用合同或者劳动合同。

第五十一条 国家适应住房保障制度改革发展要求，逐步完善抚恤优待对象住房优待办法，适当加大对参战退役军人、烈士遗属、因公牺牲军人遗属、病故军人遗属的优待力度。符合当地住房保障条件的抚恤优待对象承租、购买保障性住房的，县级以上地方人民政府有关部门应当给予优先照顾。居住农村的符合条件的抚恤优待对象，同等条件下优先纳入国家或者地方实施的农村危房改造相关项目范围。

第五十二条 军人凭军官证、军士证、义务兵证、学员证等有效证件，残疾军人凭《中华人民共和国残疾军人证》，烈士遗属、因公牺牲军人遗属、病故军人遗属凭优待证，乘坐境内运行的铁路旅客列车、轮船、长途客运班车和民航班机，享受购票、安检、候乘、通行等优先服务，随同出行的家属可以一同享受优先服务；残疾军人享受减收国内运输经营者对外公布票价50%的优待。

军人、残疾军人凭证免费乘坐市内公共汽车、电车、轮渡和轨道交通工具。

第五十三条　抚恤优待对象参观游览图书馆、博物馆、美术馆、科技馆、纪念馆、体育场馆等公共文化设施和公园、展览馆、名胜古迹等按照规定享受优待及优惠服务。

第五十四条　军人依法享受个人所得税优惠政策。退役军人从事个体经营或者企业招用退役军人，符合条件的，依法享受税收优惠。

第五章　法律责任

第五十五条　军人抚恤优待管理单位及其工作人员挪用、截留、私分军人抚恤优待所需经费和工作经费，构成犯罪的，依法追究相关责任人员的刑事责任；尚不构成犯罪的，对相关责任人员依法给予处分。被挪用、截留、私分的军人抚恤优待所需经费和工作经费，由上一级人民政府退役军人工作主管部门、军队有关部门责令追回。

第五十六条　军人抚恤优待管理单位及其工作人员、参与军人抚恤优待工作的单位及其工作人员有下列行为之一的，由其上级主管部门责令改正；情节严重，构成犯罪的，依法追究相关责任人员的刑事责任；尚不构成犯罪的，对相关责任人员依法给予处分：

（一）违反规定审批军人抚恤待遇的；

（二）在审批军人抚恤待遇工作中出具虚假诊断、鉴定、证明的；

（三）不按照规定的标准、数额、对象审批或者发放抚

金、补助金、优待金的;

（四）在军人抚恤优待工作中利用职权谋取私利的;

（五）有其他违反法律法规行为的。

第五十七条 负有军人优待义务的单位不履行优待义务的，由县级以上地方人民政府退役军人工作主管部门责令限期履行义务；逾期仍未履行的，处以2万元以上5万元以下罚款；对直接负责的主管人员和其他直接责任人员，依法给予处分。因不履行优待义务使抚恤优待对象受到损失的，应当依法承担赔偿责任。

第五十八条 抚恤优待对象及其他人员有下列行为之一的，由县级以上地方人民政府退役军人工作主管部门、军队有关部门取消相关待遇、追缴违法所得，并由其所在单位或者有关部门依法给予处分；构成犯罪的，依法追究刑事责任：

（一）冒领抚恤金、补助金、优待金的;

（二）伪造残情、伤情、病情骗取医药费等费用或者相关抚恤优待待遇的;

（三）出具虚假证明，伪造证件、印章骗取抚恤金、补助金、优待金的;

（四）其他弄虚作假骗取抚恤优待待遇的。

第五十九条 抚恤优待对象被判处有期徒刑、剥夺政治权利或者被通缉期间，中止发放抚恤金、补助金；被判处死刑、无期徒刑以及被军队开除军籍的，取消其抚恤优待资格。

抚恤优待对象有前款规定情形的，由省级人民政府退役军人工作主管部门按照国家有关规定中止或者取消其抚恤优待相关待遇，报国务院退役军人工作主管部门备案。

第六章　附　　则

第六十条　本条例适用于中国人民武装警察部队。

第六十一条　军队离休退休干部和退休军士的抚恤优待，按照本条例有关军人抚恤优待的规定执行。

参试退役军人参照本条例有关参战退役军人的规定执行。

因参战以及参加非战争军事行动、军事训练和执行军事勤务伤亡的预备役人员、民兵、民工、其他人员的抚恤，参照本条例的有关规定办理。

第六十二条　国家按照规定为符合条件的参战退役军人、带病回乡退役军人、年满60周岁农村籍退役士兵、1954年10月31日之前入伍后经批准退出现役的人员，以及居住在农村和城镇无工作单位且年满60周岁、在国家建立定期抚恤金制度时已满18周岁的烈士子女，发放定期生活补助。

享受国家定期生活补助的参战退役军人去世后，继续发放6个月其原享受的定期生活补助，作为丧葬补助。

第六十三条　深化国防和军队改革期间现役军人转改的文职人员，按照本条例有关军人抚恤优待的规定执行。

其他文职人员因在作战和有作战背景的军事行动中承担支援保障任务、参加非战争军事行动以及军级以上单位批准且列入军事训练计划的军事训练伤亡的抚恤优待，参照本条例的有关规定办理。

第六十四条　本条例自2024年10月1日起施行。

烈士评定工作办法

（2025年6月19日退役军人事务部、应急管理部、中央军委政治工作部印发　退役军人部发〔2025〕26号）

第一章　总　　则

第一条　为公正及时开展烈士评定，规范工作标准和程序，根据《中华人民共和国英雄烈士保护法》《烈士褒扬条例》《军人抚恤优待条例》等法律法规和国家有关规定，制定本办法。

第二条　烈士评定工作坚持中国共产党的领导，遵循以事实为依据、以法律为准绳的原则。

第三条　国务院退役军人工作主管部门负责全国烈士评定工作，定期向党和国家功勋荣誉表彰工作委员会呈报烈士名单。

第四条　建立烈士评定工作会商机制，根据实际需要，及时研究解决烈士评定工作中的问题。

第二章　烈士评定的研判要点

第五条　研究牺牲情形时，一般应当就下列事项进行判断：

（一）是否为了国家和人民的利益英勇牺牲；

（二）牺牲原因是否由所执行任务、抢救保护行为等直接导致或者直接相关；

（三）牺牲情节是否突出，成为后人学习的榜样；

（四）生平表现是否良好；

（五）社会反响是否较好。

第六条 研究适用《烈士褒扬条例》第八条第一款第一项牺牲情形时，一般应当对牺牲人员是否依法依规开展工作、所执行任务是否具有较大危险性、事件是否具有较大社会危害性等进行判断。

第七条 研究适用《烈士褒扬条例》第八条第一款第二项牺牲情形时，一般应当对牺牲人员与被抢救保护对象的遇险是否有直接关系、是否存在利害关系、是否在主动实施抢救保护的过程中牺牲等进行判断。

第八条 研究适用《烈士褒扬条例》第八条第一款第三项牺牲情形时，一般应当对牺牲人员执行的任务是否为国家有关部门批准并派遣到国外的任务进行判断。

第九条 研究适用《烈士褒扬条例》第八条第一款第四项牺牲情形时，一般应当对牺牲人员执行的任务是否为国家交办或者要求参加的具有一定安全风险的国防建设相关试验任务进行判断。

第十条 研究适用《烈士褒扬条例》第八条第一款第五项牺牲情形时，一般应当对牺牲人员是否属于在保卫祖国、社会主义建设或者促进世界和平和人类进步事业中英勇牺牲，牺牲情节是否特别突出、堪为楷模，且不属于前四项牺牲情形进行判断。

第十一条 研究判断军队人员牺牲情形时，由中央军委政治工作部指导军队有关单位按照《军人抚恤优待条例》和军队有关规定等办理。

第三章 烈士评定程序

第十二条 公民牺牲属于《烈士褒扬条例》第八条第一款第一项、第二项、第五项规定情形的，县级人民政府退役军人工作主管部门负责启动烈士评定程序。

死者生前所在工作单位、死者遗属或者事件发生地的组织、公民可以向死者生前工作单位所在地、死者遗属户籍所在地或者事件发生地的县级人民政府退役军人工作主管部门提供死者牺牲情节等材料。

第十三条 死者生前所在工作单位、死者遗属或者事件发生地的县级人民政府退役军人工作主管部门之间，因确定启动烈士评定程序的主体存在争议协商不成的，应当逐级上报至共同上级退役军人工作主管部门指定。

第十四条 县级人民政府退役军人工作主管部门应当在调查核实后对牺牲情形进行研究。

符合申报烈士条件的，应当提出评定烈士的报告，报本级人民政府。

不符合申报烈士条件的，应当将调查核实及研究判断等相关材料归档保存备查。

第十五条 评定烈士的报告经县级人民政府审核通过后，

报设区的市级人民政府时，县级人民政府退役军人工作主管部门应当将调查核实有关材料报设区的市级人民政府退役军人工作主管部门。

第十六条　设区的市级人民政府退役军人工作主管部门对本级人民政府转办的评定烈士的报告提出审核意见，并报本级人民政府。

设区的市级人民政府退役军人工作主管部门应当根据实际，开展必要的调查核实工作。

第十七条　评定烈士的报告经设区的市级人民政府审核通过后，报省、自治区、直辖市人民政府时，设区的市级人民政府退役军人工作主管部门应当将调查核实有关材料报省、自治区、直辖市人民政府退役军人工作主管部门。

第十八条　省、自治区、直辖市人民政府退役军人工作主管部门对本级人民政府转办的评定烈士的报告提出审核意见，并报本级人民政府。

省、自治区、直辖市人民政府退役军人工作主管部门应当根据实际，开展必要的调查核实工作。

第十九条　县级以上地方人民政府退役军人工作主管部门在开展调查核实工作时，应当查清牺牲事件的起因、经过、结果，以及牺牲人员在事件过程中的主观态度、行为表现、具体情节和社会反响等。

调查核实工作一般不超过30个工作日。对情况疑难复杂，需要继续调查核实或研究论证的，经本单位负责人批准，可以根据实际情况适当延长。

需要人民法院判决、司法鉴定、有关部门出具牺牲情形证明文书等情况的，不计入调查核实时限。

第二十条　属于《烈士褒扬条例》第八条第一款第一项、第二项规定情形的，由省、自治区、直辖市人民政府退役军人工作主管部门向本级人民政府提出审查评定烈士的建议。

属于《烈士褒扬条例》第八条第一款第三项、第四项规定情形的，按照《烈士褒扬条例》第九条第二款规定办理。

属于《烈士褒扬条例》第八条第一款第五项规定情形的，由省、自治区、直辖市人民政府退役军人工作主管部门向本级人民政府提出送国务院退役军人工作主管部门审查评定的建议。

第二十一条　评定烈士的报告经县级以上地方人民政府审核未通过的，本级退役军人工作主管部门做好解释说明，并将相关材料的复印件归档保存备查。

第二十二条　国家综合性消防救援队伍人员在执行消防救援任务中牺牲，属于《烈士褒扬条例》第八条第一款第一项、第二项规定情形的，由国务院应急管理部门评定烈士。

非执行消防救援任务牺牲的，按照《烈士褒扬条例》第九条规定申报评定烈士。

第二十三条　军队人员评定烈士程序，由中央军委政治工作部指导军队有关单位按照《军人抚恤优待条例》和军队有关规定等办理。

第四章　复核程序

第二十四条　经省、自治区、直辖市人民政府依据《烈士褒扬条例》第八条第一款第一项、第二项审查评定烈士的，本级退役军人工作主管部门按月度向国务院退役军人工作主管部门报送以下烈士复核材料：

（一）省、自治区、直辖市人民政府评定烈士的决定；

（二）设区的市级人民政府、县级人民政府报上级人民政府评定烈士的审核意见；

（三）县级以上地方人民政府退役军人工作主管部门评定烈士的报告或审核意见；

（四）牺牲情形有关调查核实材料；

（五）牺牲人员死亡证明；

（六）其他相关材料。

第二十五条 国务院应急管理部门按照本办法规定评定烈士的，按月度向国务院退役军人工作主管部门提供以下烈士复核材料：

（一）应急管理部评定烈士的决定；

（二）牺牲人员所在单位提出的申报烈士材料；

（三）逐级审核的有关材料；

（四）牺牲情形有关调查核实材料；

（五）牺牲人员死亡证明；

（六）其他相关材料。

第二十六条 军队有关单位按照《军人抚恤优待条例》等有关规定评定烈士的，中央军委政治工作部按月度向国务院退役军人工作主管部门提供以下烈士复核材料：

（一）军队有关单位评定烈士的决定；

（二）牺牲人员所在单位提出的申报烈士材料；

（三）逐级审核的有关材料；

（四）牺牲情形有关调查核实材料；

（五）牺牲人员死亡证明；

（六）其他相关材料。

第二十七条 烈士复核申请应包括以下内容：

（一）烈士的基本情况，包括姓名、性别、出生日期、籍贯、牺牲日期、民族、政治面貌、参加工作时间、生前单位及职务、所获功勋荣誉表彰情况等；

（二）烈士牺牲情节，包括事件发生时间、地点、起因、经过、结果，以及烈士的主观态度、行为表现、具体情节和社会反响等；

（三）法规依据，明确评定烈士所适用的具体法规条款；

（四）评定程序，说明自启动申报至逐级审核上报评定烈士的时间和流程情况；

（五）其他有必要说明的情况。

第二十八条 国务院退役军人工作主管部门在收到烈士复核申请后，应当及时对牺牲情形、法规适用、评定程序等进行审查，并按季度书面反馈复核结果。

第二十九条 烈士评定机关是省级人民政府的，烈士评定通知书由本级退役军人工作主管部门负责发送至烈士遗属户籍所在地县级人民政府退役军人工作主管部门。需要跨省份发送烈士评定通知书的，应当抄送烈士遗属户籍所在地省级人民政府退役军人工作主管部门。

第三十条 烈士评定机关是国务院退役军人工作主管部门、国务院应急管理部门或军队有关单位的,在向烈士遗属户籍所在地县级人民政府退役军人工作主管部门发送烈士评定通知书时,应当抄送烈士遗属户籍所在地省级人民政府退役军人工作主管部门。

第三十一条 发送烈士评定通知书,按照下列顺序确定接收的县级人民政府退役军人工作主管部门:

(一)烈士父母(抚养人)的户籍地;

(二)烈士配偶的户籍地;

(三)烈士子女的户籍地,有多个子女的,为长子女户籍地;

(四)没有父母(抚养人)、配偶、子女的,为未满18周岁的兄弟姐妹和已满18周岁但无生活费来源且由烈士生前供养的兄弟姐妹的户籍地,有多个符合条件的兄弟姐妹的,为其中长者的户籍地。

没有前款规定范围的烈士遗属,但有烈士其他兄弟姐妹的,为烈士其他兄弟姐妹的户籍地,有多个符合条件的兄弟姐妹的,为其中长者的户籍地;

没有父母(抚养人)、配偶、子女、兄弟姐妹的,不制发烈士评定通知书。

第三十二条 属于本办法第三十一条第一款规定范围的烈士遗属,均已定居国(境)外、国内户口已注销的,烈士评定通知书发送至烈士生前单位所在地的县级人民政府退役军人工作主管部门;均是现役军人且无户籍的,其单位所在地视同户籍地。

第五章　附　　则

第三十三条　战时牺牲人员烈士评定、复核工作应当紧贴战时保障要求，军地一体联动，实现随评快核、便捷高效。

第三十四条　《烈士褒扬条例》施行前牺牲人员的烈士评定工作，参照本办法规定的程序办理。其他政策有特别规定程序的，依照其规定。

第三十五条　同一事件存在不同职业身份牺牲人员的，有关单位应当加强沟通，同步开展调查核实、申报、评定、复核等工作。

第三十六条　烈士评定时间超过烈士牺牲时间二年以上的，应当在复核申请中作出说明。

第三十七条　国务院退役军人工作主管部门定期向各省、自治区、直辖市人民政府退役军人工作主管部门通报全国烈士评定复核结果，并抄送国务院应急管理部门、中央军委政治工作部。

第三十八条　收到烈士评定通知书的县级人民政府退役军人工作主管部门负责将烈士、烈士遗属、烈士安葬地等信息录入褒扬纪念信息管理系统。

第三十九条　烈士评定、复核工作应严格依规依纪依法，自觉接受监督。

第四十条　本办法自印发之日起施行。

附件：

1. 烈士评定通知书
2.《烈士评定通知书》填写说明

附件1

【正面】

烈士评定通知书

_____×烈字第_____号

_____：

　　_____于____年___月___日因_____牺牲，根据《_____》第___条第___款第___项规定的条件，已于____年___月___日被_____评定为烈士。_____年___月___日退役军人事务部复核通过。

　　请按规定给予其遗属抚恤优待。

××××
20××年×月×日

抄送：

【反面】

烈士信息

姓名		性别		民族		籍贯	
出生日期			身份证号				
政治面貌			入党（团）时　间				
参加工作（入伍）日　　期			生前所在单位及职务				
牺牲日期			月基本工资				
牺牲情形简要情况							
所获功勋荣誉表彰情况							

亲属信息	与烈士的关系	姓名	年龄	户籍所在地	所在单位及职务

填表人		联系电话	
备考			

附件2

《烈士评定通知书》填写说明

1. 2025年1月1日后评定为烈士的，均填发《烈士评定通知书》。

2. 省级人民政府评定的烈士，《烈士评定通知书》由各省级人民政府退役军人事务厅（局）统一编号、填发，上冠年份号及省份简称，号码数为6位，按照评定烈士时间由小到大依次编号。如，2025冀烈字第000001号。

退役军人事务部评定的烈士，《烈士评定通知书》由褒扬纪念司统一编号、填发，上冠年份号及退役军人事务部简称（退役），号码数为6位，按照评定烈士时间由小到大依次编号。如，2025退役烈字第000001号。

应急管理部评定的烈士，《烈士评定通知书》由队伍建设局统一编号、填发，上冠年份号、应急管理部简称（应急），号码数为6位，按照评定烈士时间由小到大依次编号。如，2025应急烈字第000001号。

军队评定的烈士，《烈士评定通知书》由军队统一编号、烈士的评定机关填发，上冠年份号、军字，号码数为12位，第1至2位为各部门各单位，第3至6位为各部门各单位所属单位，第7至12位为发放序号，按照评定烈士时间由小到大依次编号。如，2025军烈字第010001000001号。

3.《烈士评定通知书》至少一式两份，一份按照《烈士评定工作办法》发送至有关县级人民政府退役军人事务局，另一份归入烈士评定档案。属于《烈士评定工作办法》第二十九条、第三十条规定情形的，还应当抄送有关省级人民政府退役军人事务厅（局）。

4.《烈士评定通知书》全文采取 A4 纸双面打印，正文应当参照党政机关公文格式标准，烈士信息表格内各信息项的文字采用楷体编辑。在褒扬纪念信息管理系统《烈士评定通知书》有关功能模块开发上线前，文书由发文单位自行编辑打印。功能模块上线后，文书由褒扬纪念信息管理系统自动填写生成，供各省级退役军人事务厅（局）和其他具备登录使用系统条件的发文单位下载打印。

5.《烈士评定通知书》正文中的牺牲原因按照《烈士褒扬条例》或《军人抚恤优待条例》中的评定条件填写；依据 1980 年《革命烈士褒扬条例》及有关规定追认的烈士，通知书的牺牲原因，按照追认条件填写。

烈士信息表格中"月基本工资"项仅适用于军队烈士，由评定烈士的军队有关单位填写，评定机关是省级人民政府、退役军人事务部或应急管理部的，不填写。

烈士信息表格中"牺牲情形简要情况"项填写内容应当言简意赅，不得涉及国家或军事秘密。

烈士信息表格中"亲属信息"项的人员范围及填写顺序为：烈士的父母（抚养人）、配偶、子女、兄弟姐妹。烈士亲属总人数超出表格预设行数的，可以增加序页并加盖骑缝章。